ESTAMPES

ANCIENNES

PORTRAITS

École Française du XVIIIe siècle, etc.

VENTE

Les 23, 24 et 25 Novembre 1868

Me DELBERGUE-CORMONT
Commissaire-Priseur.

M. VIGNÈRES
Md d'Estampes.

(262e) PARIS — 1868

GALERIE DE PORTRAITS

DES

Représentants des Assemblées Nationale 1848 & Législative 1849

Lithographies in-4°, d'après nature,

Par les Artistes les plus marquants de l'Époque

Collection BASSET, et Collection DELARUE, laquelle est désignée par les noms en italique

Les astérisques avant les noms désignent les Portraits dans les 2 Collections.

Un certain nombre de ces Portraits sont très-rares à trouver, dans la Collection DELARUE surtout.

PRIX : **1** FRANC CHAQUE.

Abbal.	Aveyron.
*Abbatucci père.	Loiret.
Abbatucci (Ch.)	Corse.
D'Adelsward (O.).	Meurthe.
Affre.	Aveyron.
Albert.	Seine.
Alcan (Michel).	Eure.
*Alcock (Joseph-François).	Loire.
Allegre (J.-M.).	Haute-Vienne.
Alem-Rousseau.	Gers.
Allier (Ant.).	Hautes-Alpes.
*Altaroche.	Puy-de-Dôme.
Ambert (Joachim).	Lot.
D'Andigné de la Chasse.	Ille-et-Vil.
André (Jules).	Hérault.
Anduze-Faris.	Aude.
Angar.	Haute-Saône.
*Antoine (Et.-J.).	Moselle.
Arago (François).	Pyrénées-Orient.
Arago (Emman.).	Pyrénées-Orient.
*Arago (Etienne).	Pyrénées-Orient.
*Arbey (P.-F.).	Loiret.
Archambault.	Nièvre.
*Arnaud (Frédéric).	Arriége.
*Arnaud (Henri).	Var.
Arnaud d'Argenteuil.	Char.-Inf.
Astaix.	Puy-de-Dôme.
*Astouin.	Bouches-du-Rhône.
*Aubergé.	Seine-et-Marne.
D'Aubermenil.	Seine-Inf.
Auberthier.	Rhône.
Aubertin (Edouard).	Marne.
*Aubry (P.-F.-J.)	Nord.
*Audren de Kerdrel.	Ille-et-Vilaine.
Aubry de Puyraveau.	Char.-Inf.
*Avond (Auguste).	Haute-Loire.
Aylis (S.).	Gers.
Azerm.	Haute-Garonne.
Babaud-Laribiere.	Charente.
*Bac (Théodore).	Haute-Vienne.
Badon.	Haute-Loire.
*Bailly.	Marne.
*Bajard.	Drôme.
Ballot (J.-F.).	Orne.
*Baraguay-d'Hilliers.	Doubs.
Barailler.	Dordogne.
Barbançois (de).	Indre.
Barbès.	Aude.
Bardy.	Haut-Rhin.
*Baroche.	Charente-Inf.
Barrot (Odillon).	Aisne.
Barrot (Ferdinand).	Algérie.
Barthe (Marcel).	Basses-Pyrénées.
Barthélemy (Aug.).	Eure-et-Loir.
*Barthélemy (Emman.).	B.-du-R.
Barthélemy (J.-J.-H.).	Vienne.
Barthélemy St-Hilaire.	Seine-et-Oise.
*Bastiat.	Landes.
Bastide (Jules).	Seine-et-Marne.
Bauchard (Quentin).	Aisne.
*Baudet-Lafarge.	Puy-de-Dôme.
Baugier.	Deux-Sèvres.
*Baume.	Var.
*Baune.	Loire.
*Bavoux.	Seine-et-Marne.
Baze.	Lot et-Garonne.
Beaumont (G. de).	Sarthe.
*Beaumont (F. de).	Somme.
Beaune (de).	Gard.
*Bechard.	Gard.
Bedeau, général.	Loire-Inf.
*Belin.	Drôme.
Bellart-Dambricourt.	Pas-de-Calais.
*Bellencontre.	Calvados.
*Benoît.	Rhône.
Berard (J.).	Lot-et-Garonne.
Bérenger.	Vienne.
Berger.	Seine.
*Bernard (Martin).	Loire.
Bernard-Dutreil (Jules).	Mayenne.
Berryer.	Bouches-du-Rhône.
*Bertholon.	Isère.
Bertin.	Ille-et-Vilaine.
*Bertrand (Henri).	Indre.
Bertrand (Toussaint).	Hérault.
Bertron (Adolphe).	
*Berville (St-Albin).	Seine-et-Oise.
Beslay.	Morbihan.
*Besnard.	Calvados.
Bidard (Théophile).	Ille-et-Vilaiue.
Bigot.	Mayenne.
Billaudel.	Gironde.

18304 Typographie Renou et Maulde.

(262e)

CATALOGUE

D'UNE BELLE COLLECTION

D'ESTAMPES

ANCIENNES

PORTRAITS

École Française XVIIIe siècle

Vignettes, Illustrations, Ornements,

Vues modernes, Livres à Figures, Catalogues,

DONT LA VENTE AURA LIEU

HOTEL DES COMMISSAIRES-PRISEURS

Rue Drouot, 5

SALLE No 7, AU PREMIER ÉTAGE

Les Lundi 23, Mardi 24 et Mercredi 25 Novembre 1868

A UNE HEURE PRÉCISE.

Me **DELBERGUE-CORMONT,** Commissaire-Priseur,
rue de Provence, 8,
Assisté de M. **VIGNÈRES,** Marchand d'Estampes,
rue de la Monnaie, 13, à l'entresol; entrée rue Baillet, 1,
CHEZ LEQUEL SE DISTRIBUE LE CATALOGUE.

PARIS — 1868

ORDRE DES VACATIONS

PREMIÈRE VACATION

Ecole ancienne....................	1 à 100
Portraits..........................	102 à 225

DEUXIÈME VACATION

Portraits..........................	226 à 293
École du XVIIIe siècle...........	294 à 448

TROISIÈME VACATION

École du XVIIIe siècle...........	449 à 560
Vignettes, Ornement..............	561 à 633
Vues, Livres à figures............	634 à 672

CONDITIONS DE LA VENTE

Elle sera faite au comptant.

Les Acquéreurs paieront CINQ POUR CENT en sus des enchères applicables aux frais.

Les Lots pourront être divisés à la volonté du Vendeur.

M. VIGNÈRES, dirigeant la vente, se charge des Commissions.

NOTA. Toute commission sans prix fixé ou sans limite déterminée sera regardée comme nulle.

M. VIGNÈRES se charge de faire marquer les prix aux Catalogues des ventes qu'il a faites. Les personnes qui le désirent peuvent s'adresser à lui *franco*.

Plusieurs Amateurs éloignés en ont reconnu l'utilité pour les guider dans leurs achats sur les valeurs des Estampes.

Les Catalogues des Ventes à faire sont envoyés aux personnes qui en feront la demande *affranchie*.

AVIS. — Nous prions MM. les Amateurs éloignés de ne pas attendre au dernier jour pour que les lettres arrivent le matin de la vente; ils comprendront que quelques lettres peuvent se lire, mais de 20 à 50 lettres, c'est difficile.

3772

Affiches et Afficheur	31	25
Moniteur des Ventes	17	40
Déclaration de Vente	2	..
Timbre du Procès Verbal	7	50
Enregistrement	89	25
Bourse commune	119	10
Honoraires du Com. Priseur	119	10
Clerc et Crieur	36	
Location de la Salle	73	15
Commissionnaire 3 jours	15	..
Gratification aux Clerc, Crieur, Commissre	30	
Catalogue	273	
Aff. à la Poste et distribution des Catalogues Etranger, France Paris nouveau et ancien	47	60
Moniteur avant propos sur les 2 Ventes	16	
	14	
21 9bre partie d'article	5	
2 Voitures transport à l'Hotel	5	
Divers Voitures transport chez moi	10	85
Chemises 13 mars	16	25
Honoraires	198	
	1125	45
Déduire 5% des Acquereurs	188	60

936 85

2835 15

Dorr 3 [illegible] Papil. 1

Papil 1 Gross. 2.75

Dorr 4 Papil 1

Papil 1

Dorr 3 Papil 1

Dorr 3 Papil 2

Dorr. 4 Papil 1

Linn 1. Papil 1

Dorr. 4 Linn 1 Papil 1

Papil 1

(262e)

DÉSIGNATION

École ancienne

1 **Albane** (d'ap.). Jupiter et Léda, pièce gracieuse in-fol.

2 — L'Eau (c'est le triomphe de Vénus sur la mer). Sujet gracieux, rond équarri, in-fol.

3 — Adonis apercevant Vénus endormie. Beau paysage avec un grand nombre d'Amours, très-belle ép., marge.

4 **Aldegrever**. Sophonisbe prenant le poison que lui envoie son époux, afin de lui éviter la honte d'être menée en triomphe à Rome (B. 62).

5 — L'Enlèvement, 1530. (B. 67). Belle ép.

6 — Mercure. (B. 77), du cabinet Vivenel.

7 — Hercule au berceau. (B. 83). Belle ép.

8 — Thisbé, 1553. (B. 102).

9 — Rinceaux d'ornements, Centaures et Centauresses combattant. (B. 229).

10 **Audran**. Le Centaure Nesse enlève Dejanire, d'ap. le *Guide*. Superbe ép. grande marge.

11 **Beham** (H.-S.). Adam et Ève chassés. (B. 7).

12 — Judith. (B. 10), avec marge.

13 — Vierge immaculée. (B. 17).

14 — Deux Apôtres. (B. 40) — Deux Apôtres, contre-partie du (41). 2 p.

15 — Cimon nourri par sa Fille. (B. 75).

16 — Hercule tuant Nessus. (B. 97). Superbe ép.

17 — Charitas, Justicia, Fides. (131, 132, 133). 3 très-petites pièces, très-belles ép.

18 — Melancolia. (B. 144), avec une petite marge.

19 — Paysan allant au marché. (B. 191).

20 — L'Alphabet romain. (B. 229), petite marge.

21 **Berain** (d'ap.). Panneaux arabesques ornés de figures, de la plus grande richesse d'ornements. Superbes p., grandes marges. 14 ép. de la plus belle condition.

22 **Bois anciens**. Le Fou et la femme nue — les Femmes oiselières des Fous — les Femmes mettant en cage les Fous — Procession triomphale d'un chef sauvage, en 2 feuilles jointes. 4 p.

23 **Bosse** (Abraham). Les Vierges folles. 2 p., chez *Le Blond.* Vêtir les nuds. 3 p. très-belles.

24 — Le Goût — Retour de l'Enfant prodigue. 2 p., chez *Le Blond* et *Tavernier.*

25 — Les Cadeaux à la mariée. Superbe ép., chez *Le Blond*, avec marge.

26 — La Noce de Village. Très-belle ép., chez *Le Blond.*

27 — Le Chaudeau aux mariés. Chez *Le Blond.*

28 — L'Imprimeur — le Sculpteur. 2 belles ép.

29 — Le Barbier faisant la moustache. Très-belle ép., chez *Le Blond*,

30 — L'Apothicaire prêt à donner le... Chez *Tavernier.*

31 — La Saignée. Sup. ép., chez *Le Blond.*

Grosj 2 Papil 1

Grosj 2.50 Papil 2 Zerv 3.25 (133)

Papil 1. Zerv. 3.

Grosj 1.50 Papil 1. Lin 1. Zerv 3.

Papil 1.

Papil 1

Gros 2.25

Ceis. 11

Papil 1

itchfiel 12

Papil 1 Numar 6

Papil 1

Teiss. 1 5

Ollwa

Derv. 6

Grosj 6

Grosj. 8 2

Derv. 12 Grosj 7 ?

Derv. 10

Grosj 2 25

32 — L'Atelier des Cordonniers. Magnifique ép., chez *Tavernier.*

33 — Le Cordonnier chaussant une Dame. Très-belle ép., chez *Le Blond.*

34 — Le Pâtissier. Superbe ép., chez *Tavernier.*

35 — L'Homme d'affaires. Belle ép., chez *Le Blond.*

36 — Le Repas des Dames seules. Très-belle ép., chez *Le Blond.*

37 — Les Saisons. Très-belles ép. avec marge, excepté l'Hiver qui est sans marge.

38 **Brebiette**. Vierge et Anges adorant Jésus dormant. Jolie eau-forte, superbe ép.

39 Cabinet Lebrun, choix de pièces d'ap. les maîtres de l'école flamande. 19 p. Superbes ép.

40 **Callot**. Triomphe de la Vierge. (Meaume 100.) 1er état.

41 — Tentation de Saint Antoine. (M. 139). Très-belle.

42 — Vues du Louvre. (M. 713) — Vue de la Tour de Nesle (714). 2 p. très-belles ép., sans marge.

43 — Exercices militaires. (M. 582 et suite). 11 p. superbes. 1er état avant les n^{os}.

44 — Fantaisies (869 et suite). 9 p. avant les n^{os}.

45 — Les Supplices — la petite Vue de Paris, Eventail, Misères de la guerre, Bohémiens. 13 p. par et d'après.

46 **Castiglione**. Petites têtes, 4 — Grandes têtes, 3; en tout 7 p. à l'eau-forte. Très-belles ép.

47 **Cochin** (N.) l'ancien. Scènes de Chasses et autres. 7 p.

48 — Adoration des Mages. Superbe ép. d'une petite pièce.

49 **Coypel** (d'ap. A.). Allégorie dédiée à M. Colbert d'Ormoy, par *Simonneau*. Très-belle ép.

50 **Dalen**. La Négresse, d'ap. *Flinck*. Belle ép.

51 **Daret**. Sainte Famille avec Saint Jean.

52 **David**. Voyez cette gaye Nourisse, etc., chez *Le Blond*. Très-belle ép.

53 **Dorigny** (M.). Sainte Famille, Repos en Egypte. (R. D. 43).

54 **Dusart** (C.). Les Avares: Vieillards comptant et pesant de l'or. Manière noire très-belle.

55 **Francisque** (Théodore), d'ap. L'Orage. (R. D. 14). 1er état.

56 **Ganières**. La bonne Aventure, composition de huit figures, d'ap. *Valentin*. Très-belle ép.

57 **Huchtenburg**. Combat d'un Cavalier contre un Turc. Superbe ép. rare.

58 **Huret** (d'ap.). Endymion, Diane, Mercure. 3 p. par *Rousselet*. Très-belles ép.

59 — Les Parties du monde. 4 p. par *Rousselet*. Très-belles ép.

60 — Les Sept arts libéraux réprésentés par des femmes costumées, par *Rousselet*. 7 p. Très-belles ép.

61 **Impériale**. Vierge, Jésus et Saint Jean. Belle eau-forte.

62 **Le Brun** (d'ap.). Tapisseries du Roi. Les Éléments et les Saisons, avec les titres gravés par *Leclerc*. 11 p. in-fol. Superbes ép., marge.

Jew 6.

Jew 6.

Jew 10

Othon

Teiss. 12 Groj. 1.7

Chartier 10 ~~Teiss~~ 11

Chart. 12

Chart. 5 ou 10 Teiss. ~~8~~

Labouche 20

63 — Devises pour les Tapisseries, Emblèmes et Titres. 33 p.

64 — Siége de Tournay — de Douay — Défaite des Espagnols à Bruges — Renouvellement d'alliance entre la France et les Suisses. 4 p. in-fol. Superbes ép., marge

65 — Entrevue de Louis XIV et Philippe IV — Mariage de Louis XIV. 2 p. très-belles avec marge.

66 **Leclerc** (Séb.). Lettres ornées A. B. C. E. G. N. 6 p.

67 — Puer parvulus. Superbe ép. avant toute lettre.

68 — Le même, avec la lettre. Très-belle ép.

69 — Le même, avec le gros enfant et les deux adresses de *Silvestre*. Très-belle ép., marge.

70 — Tobie et l'Ange. Superbe ép.

71 — Histoire de Psyché. 4 p.

72 — Plafonds d'un Hôtel à Stockholm. 2 p. Sup. ép.

73 — L'Apothéose d'Isis. Superbe ép.

74 — (d'ap.). Allégorie du Mariage du duc de Bourgogne, par *Simmoneau*.

75 **Leu** (Th. de). L. Gaultier, Jaspar Isac, les Métamorphoses d'Ovide. 64 p.

76 **Luyken**. Les Morts violentes, Montmorency, Straffort, Marie de Médicis, Rois d'Espagne, d'Angleterre et autres. 9 p.

77 **Pas** (Magd. de). Sibylla Hellespontica — Libyca. 2 p. Superbes ép.

78 **Parrocel** (C.). La Visitation (R. D. 18) — les Mages viennent d'Orient (26) — la Charité, d'après lui. 3 p. à l'eau-forte. Belles ép.

79 **Pencz** (G.), Tobie attrapant le Poisson. (B. 17). Très-belle ép.

80 **Perrier** (François). Les Angles de la Farnesine, suite de 10 p.(R. D. 21 à 30). Superbes ép.

81 — Psyché admise au nombre des divinités de l'Olympe (33) — les Noces de l'Amour et Psyché (34). 2 p. en forme de frises. Très-belles ép.

82 **Pièce historique.** La France sauvée par Henri IV des étreintes de la Ligue, sous les traits d'un Moine à queue de serpent. Pièce curieuse et rare.

83 **Ploos van Amstel.** Buste de Femme aux crayons de couleur, *fac-simile* d'ap. *Goltzius.*

84 **Raphaël** (d'ap.). Etude de la Vierge de François Ier, *fac-simile* du dessin du Louvre, par *Butavand.*

85 — Le Christ au Tombeau, *fac-simile* par *Agricola* du superbe dessin acquis par le Musée du Louvre à la vente du roi de Hollande, venant des cabinets Mariette et Lawrence.

86 **Rosa** (F.). L'Assomption, d'ap. *A. Carrache.* Superbe ép.

87 **Schmidt** (M.-J.). Vénus et Vulcain, Triomphe de Bacchus, Bacchanales. 4 pièces à l'eau-forte. Très-belles ép.

88 **Schmidt** (G.-F.). Le Christ couronné d'épines, d'ap. *Rembrandt.* Très-belle ép.

89 **Scotin.** Mariage de Sainte Catherine, d'ap. *Alex. Véronese.* Superbe ép.

90 **Schultze.** Sujet Mythologique gracieux. Superbe ép. avant la lettre.

ind 1.

labouch 20

Dew 7.

Berard 2

[illegible] 18

[illegible] 3

[illegible] 2,75

Labaut 15

Labaut 15

91 **Schut** (C.). Vénus dans l'atelier de Vulcain, et deux Frises d'Enfants et d'Amours. 3 p. à l'eau-forte.

92 **Springinkle** (H.). Saint Jérôme. (B. VII, p. 322). — 159 des monogrammes, sur bois.

93 **Silvestre** (Israël). Maison de Saint-Cloud — Château de Chambord — Vues de Fontainebleau. 6 p. in-fol.

94 **Téniers** (d'ap.). Colin trahi par sa Maîtresse (c'est un joueur de Cornemuse).

95 — Les Amusements des Matelots, par Chenu.

96 **Testa** (P.). Dieu dominant la Croix entourée d'Anges que soutient l'Enfant Jésus. 1er état avant l'adresse de *Rossi.*

97 **Valck** (G.) ex. Costumes d'Hommes de Qualité en habit d'épée, d'été, d'hiver, etc. 12 p. genre Bonnart.

98 **Vignon** (Claude). Baptême de l'Eunuque. Superbe ép. du 1er état, avant l'adresse de *Mariette* à gauche sur les eaux. (R. D. 22).

99 **Wolff** (Jérémie) ex. Habit de Bal, de Masque, Scaramouche, Mezetin, etc. 7 costumes genre Bonnart.

100 — L'Électeur de Bavière, Gentihomme, Maréchal de camp, Son Altesse à l'Église et autres. 10 costumes genre Bonnart.

101 **Wolffgang**. Le duc de Bourbon, Homme de qualité et autres, chez *Visscher*. 8 p. genre Bonnart.

Portraits

102 **Alix.** Bossuet. Descartes, Fontenelle, Labruyère, Montaigne. 5 portraits ovales in-fol. en couleur. Très-belles ép.

103 **Arnoult** (N.). Le Marquis de Boufflers — Jean III, roi de Pologne. 2 portraits en pied, petit in-fol. Belles ép. rares.

104 **Aubert.** Louis XV à cheval, d'ap. Le Sueur, in-fol. Superbe ép., marge, de la col. Vischer.

105 **Audouin.** Duc de Berry, d'ap. *Augustin*, in-fol. Lettres blanches avant la dédicace.

106 **Audran** (B.). H. de Beringhen, d'ap. *Nanteuil*, in-fol. Très-belle ép., marge.

107 — Frère Blaise, feuillant, très-belle eau-forte. Magnifique ep. d'une pièce rare, marge.

108 — Noël Coypel, peintre, d'ap. lui-même. Superbe ép., marge.

109 — J.-F.-A. Willading, consul de Berne, d'après *Rud. Hubert*. Superbe ép.

110 **Audran** (J.). Le Duc d'Antin, petit in-fol., d'ap. *Rigaud*, Belle ép.

111 **Aveline.** Le Cardinal Fleury entouré de la Justice, la Religion, l'Abondance, est désigné par Diogène, in-fol., d'ap. *Chevalier*. Très-belle ép., marge.

112 **Avril** (J.-J.). Brizard, acteur, d'ap. Mme *Guiard*, in-fol. Superbe ép. toute marge.

113 **Balechou.** Alexandre-Jean-Joseph Le Riche de La Popelinière, in-fol., d'ap. *Vigée*. Très-rare.

…cydi 7.

…bouch 6. Michel 3

…bouch 15.

Michel 3

…ois. 3.50

…bouch 8

Michel 21

Dit.tof. 5

Labourt 15 Vayde 8

Michel 40

114 **Baron**. Frédérick Lewis, prince of Wales, en pied en grand costume, d'ap. *Vanloo*, in-fol. Très-belle ép.

115 **Bause**. Basedow — Ernesti — Forster — Frédéric — Auguste de Saxe — Frege — Sal. Gesner — C. L. V. Hagedorn — Haller — Jérusalem — Kant — Leibnitz — Lessing — Mendelsson — Morus — der Persianer — Platner — Rabener — Ramler — Spalding — Wieland — Winkelman — J.-P. Uz — Weisse — Zollikofer. 25 portraits in-4. Très-belles ép., sera divisé.

116 **Bazin**. Nicolas l'Archer, abbé de Citeaux, in-fol. d'ap. *de Cany*. Superbe ép.

117 — Rév. père Antoine Verjus, instituteur des Missions, de la Comp. de Jésus, à la Chine et aux Indes, in-4, d'ap. *de Cany*. Superbe ép.

118 **Benoist**, del. et sculp. Antoine Petit, médecin, in-fol. Très-belle ép., marge.

119 **Blot**. Le Parmesan, in-4., avant la lettre.

120 **Boissevin** (chez). Suite des Portraits des rois de France, depuis Pharamond jusqu'à Louis XIV. 65 p.

121 **Bonnart**. Louis le Grand — Philippe d'Anjou — Ch. duc de Berry, assis et debout — Duc de Bourgogne en mousquetaire — M. Vincent de Paul — Electeur de Bavière — Ernest de Brunswick. 8 portraits en pied, petit in-fol. Très-belles ép.

122 **Bonneville**. Portraits de Députés, Généraux et autres personnages célèbres de la Révolution. 100 p., anciennes ép.

123 **Carmontelle** (d'ap. de). La malheureuse Famille Calas, par *Delafosse*. Ép. toute marge, très-belle.

124 **Cars**. Pierre d'Hozier, généalogiste, in-fol. Très-belle ép., marge.

125 **Cathelin**. L.-J. Balechou, célèbre graveur, petit in-fol., d'ap. *Arnavon*, chanoine. Très-belle ép., marge.

126 — P. Jeliotte à mi-corps, in-fol. d'ap. *Tocqué*. Très-belle ép. avant toute lettre.

127 **Cathelin** (L.-J.). Louis Tocqué, peintre, in-fol. d'ap. *Nattier*. Belle ép. avant toute lettre.

128 **Cathelin**, 1770. Joseph Vernet, peintre, d'ap. *Vanloo*. Belle ép. in-fol.

129 **Charpentier** (chez). Louis, Dauphin de France — Maurice de Saxe. 2 portraits en pied, petit in-fol. Très-belles ép.

130 **Chereau**. L.-A. de Pardaillon de Gondrin, duc d'Antin, d'ap. *Rigaud*. Très-belle ép. in-fol., marge.

131 — Louis de Boullongne, peintre, d'ap. lui-même, in-fol. Superbe ép., marge.

132 — A. Hercule de Fleury, cardinal, d'ap. *Rigaud*, in-fol. Très-belle ép., grande marge.

133 — M.-F. Geoffroy, apothicaire de Paris, in-fol. Superbe ép., toute marge.

134 — Nic. de Largillierre, peintre, in-fol. Très-belle ép. Col. Vischer.

135 **Chereau**. Louis Pecour, maître de ballets, in-fol., d'ap. *Tournière*. Belle ép., grande marge.

Michel 5

Labouch 10.

Clunerean

Seydt 4 50 Labouch 8. Michel 6

Lis 4

Lun 6

Michel 2 50

Labouret 5

Gabriel 5

Michel 6 Tessier 12 Labouret 8

Michel 4 Tessier 11

Georg. 1.7

136 **Coquerct**. Beurnonville, général, in-fol. en pied, d'ap. *Hilaire le Dru.*

137 **Corr** (Erin). Léopold Ier, roi des Belges, à mi-corps, d'ap. *Wappers*, grand in-fol., lettre grise. Superbe ép.

138 **Cossin** (L.). Franc. Chauveau, graveur. Superbe ép. petit in-fol., d'ap. *Lefébure*, avant l'adresse de Drevet. Voir Graveurs Troyens par M. Corrard de Brebans (8).

139 **Dagoty**. Le Comte de Caylus — Rameau. 2 p. in-4. Manière noire.

140 **Daullé**. Henri-François d'Aguesseau, chancelier, âgé de 35 ans, 1703, d'ap. le tableau de *Vivien*. Belle ép. in-4.

141 — Guil. de Lamoignon, chancelier, in-4., d'ap. *Valade*. Très-belle ép.

142 — L.-P. d'Orléans, duc de Chartres, né en 1725 encore jeune, in-fol. d'ap. *Belle*. Superbe ép. avant toute lettre, marge

143 — Le Cardinal de Polignac, in-4, d'ap. *Rigaud*, à mi-corps. Superbe ép.

144 **Delaunay**. Armand-Jérôme Bignon, bibliothécaire-académicien, in-fol., d'ap. *Drouais*.

145 — J.-B. François de Troy fils, peintre, d'ap. *Aved*, in-fol. Très-belle ép., marge.

146 — François Le Bloy, abbé de Clairvaux, in-fol., d'ap. *Roslin*. Très-belle ép., marge.

147 — Sébastien Le Clerc fils, in-fol. Superbe ép. avant toute lettre, marge.

148 **Desplaces**. F. Silvestre, maître de dessin de Philippe V, du duc de Bourgogne et du duc de Berri, in-fol., d'ap. *Hérault*, 1710. Superbe ép., marge.

149 **Desrochers**. C.-F. Poerson, peintre, d'ap. de *Largillière*, in-fol. Superbe ép., toute marge.

150 — Fr. Verdier, peintre, in-fol., d'ap. *Ranc*. Très-belle ép., toute marge.

151 **Dossier**. Eust. Bousselin, contrôleur du marc d'or, in-fol., d'ap. *Tramblin*. Très-belle ép.

152 **Drevet**. J.-P. Bignon, 1707, abbé de Saint-Quentin. 1er état. Superbe ép., marge.

153 — Cardinal Dubois, d'ap. *Rigaud*, in-fol. Belle ép., toute marge.

154 — Claude Le Peletier, contrôleur des finances, in-fol., d'ap. *Mignard*. Superbe ép., marge.

155 **Drevet** (Cl.). Henri Oswald, cardinal d'Auvergne, in-fol., d'ap. *Rigaud*. Superbe ép., marge.

156 **Duchange**. Antoine Coypel en pied, et son fils encore enfant. Très-belle ép., in-fol., d'ap. lui-même.

157 — François Girardon, sculpteur. Belle ép. petit in-fol.

158 — Charles de Lafosse, peintre, d'ap. *Rigaud*. Belle ép. petit in-fol.

159 **Duflos**. Jean Berain, dessinateur du Roi, in-fol. d'ap. *Vivien*. Très-belle ép.

160 — Sébastien Le Clerc, graveur, in-4. Superbe ép., marge.

Blatt 4

Gruß 1 · 25

Teiss. 7

Labouch 15

Lium 5. 50

Chast 12

161 **Dupuis.** N. de Largillière, peintre, petit in-fol. d'ap. *Geulin.* Superbe ép., marge.

162 **Edelinck.** Nicolas Lefèvre — F. Pithou. 2 p. tirés des Grands Hommes de Perrault.

163 — Ch. d'Hozier, généalogiste du roi, in-fol., d'ap. *Rigaud.* Superbe ép., marge.

164 **Emaux de Petitot.** Louis XIV, Catinat, Malezieu, Richelieu, Tourville, Villars. 10 p. Superbes ép. avant la lettre.

165 **Fleischmann.** Rembrandt, d'ap. lui-même, in-fol.

166 **François,** 1767. F. Quesnay, médecin, in-fol., d'ap. *Fredou,* marge. Ce portrait est très-curieux, car l'artiste y a réuni toutes les manières de graver.

167 **François** (Alphonse), 1842. Le Titien. Superbe ép. sur chine.

168 **Gaillard.** Blaise Duchesne, abbé de Sainte-Geneviève, in-fol., d'ap. *Chevallier.* Très-belle ép.

169 — J.-J. Languet, archevêque de Soissons et de Sens, in-fol., d'ap. *Chevallier.* Très-belle ép., marge.

170 **Gantrel.** Ant. Bruneau, président du Parlement de Tournai, in-fol., d'ap. *La Dame.* Belle ép

171 — J. Chevallier, Seig. du Bochet et de Courtanvaux, receveur des finances de Metz, in-fol. Très-belle ép.

172 **Giffart.** C. Du Fresne du Cange, petit in-fol. Très-belle ép., marge.

173 — Bartholomé Giavarina, d'ap. *Van Schuppen*, petit in-fol. Superbe ép.

174 **Girard.** Louis Philippe Ier, roi des Français, en pied, d'ap. *Hersent*. Superbe ép. grand in-fol. avant la lettre, manière noire.

175 **Horthemels.** L'Abbé Gaultier, in-fol., d'ap. *S. Belle*. Très-belle ép., grande marge.

176 **Ingouf.** Portraits de Célébrités littéraires et autres. 27 p. in-8. Très-belles ép.

177 **Ingres** (d'ap.). Le Comte Louis de Bombelles, ministre d'Autriche, en pied, gravé à l'imitation par *de Fournier*. Grand in-fol.

178 **Janinet.** Acteurs en pied, en rôles, imp. en couleur. 20 p. très-belles.

179 **Jeaurat** (E.). Nicolas Vleughels, peintre, d'ap. *Pesne*, in-fol. Très-belle ép., toute marge,

180 **Jode** (P. de). Ambroise Spinola, in-4. Très-belle ép. Armure riche.

181 **Klauber.** Ch.-Gab. Allegrain, sculpteur, d'ap. *Duplessis*. Très-belle ép., in-fol. avec une seule ligne, marge.

182 — Le même, avec les quatre lignes dans la tablette. Très-belle ép. toute marge.

183 **La Live de July.** Louis Denis La Live de Bellegarde, beau portrait petit in-fol. rare, d'ap. *Rigaud* (grand-père de l'artiste).

184 — Hygie, déesse de la Santé (c'est le portrait de sa femme). (55 de son œuvre). Très-belle ép., marge.

185 — Alexandre de Larochefoucault, très-rare. Très-belle ép. in-4, marge.

ienn 12

rabouch 6.

Michel 10

Michel 10

abouch. 10

Mumann 5

Guerre Lern 2.

Grossi 1 25

Michel 4

186 **Landry**. M. A. Baudrand, pieur de Rouvray, petit in-fol. Très-belle ép., marge.

187 — Abel Brunier, 1er médecin de Gaston d'Orléans, petit in-fol. Très-belle ép.

188 — Henri IV, lauré, in-4. Très-belle ép.

189 — G. de Reny d'Arbouze, évêque de Clermont, in-fol. Superbe ép.

190 — P. Rouillé, intendant de Picardie et d'Artois, in-fol. Superbe ép., marge.

191 **Larmessin**. Les augustes Représentations de tous les roys de France, depuis Pharamond jusqu'à Louis XIV, 1679. Titre et 64 portraits Superbes ép.

192 — Philippe Vleughels, peintre, petit in-fol., d'ap. *Champagne*. Superbe ép., marge.

193 **Lasne** (Michel). Etienne Binet, jésuite, in-4., d'ap. *Le Brun*.

194 **Lebas**. P.-J. Cazes, peintre, d'ap. *Aved*, in-fol. Superbe ép., marge.

195 — Robert le Lorrain, sculpteur, in-fol. d'ap. *Drouais*. Superbe ép., marge.

196 **Le Brun** (G.). Ch. Fevret, auteur du célèbre Traité de l'abus. Très-belle ép. petit in-fol., marge.

197 **Lefèvre** (A.). Le Général Foy, d'ap. *H Vernet*, in-fol. Superbe ép. d'artiste sur chine, les noms d'artistes à la pointe, toute marge.

198 — Casimir Périer, d'ap. *Hersent*, in-fol. Superbe ép. d'artiste sur chine, les noms d'artistes à la pointe, toute marge.

199 — Le même. Très-belle ép. avant la lettre sur chine, toute marge.

200 **Leisnier**. Michel Cervantes, d'ap. *Velasquez*. in-fol. Très-belle ép. sur chine.

201 **Lempereur**. Etienne Jeaurat, peintre, d'ap. *Roslin*. Superbe ép., in-fol., toute marge.

202 **Lépicié**. Nicolas Bertin, peintre. Superbe ép. in-fol., d'ap. *De Lien*, marge.

203 — Claude Capperonnier, professeur de théologie, etc.; in-fol., d'ap. *Aved*. Superbe ép.

204 **Lépicié**. Ch. Richer de la Morlière; petit in-fol., d'ap. *Latour*. Très-belle ép.

205 **Levachez**. Portraits de députés à l'Assemblée nationale. 13 p. Belles ép., marge.

206 **Lignon**. Louis-Philippe duc d'Orléans; in-fol., d'ap. *Gerard*. Superbe ép. d'artiste, avant toute lettre, marge.

207 — Le même, avec la lettre très-belle.

208 — Louis-Philippe Ier, roi des Français, en pied, d'ap. *Dupré*. Très-belle ép., grand in-fol.

209 **Le Roy** (P.). Pierre Hallé, professeur royal en droit canon; in-4. Superbe ép., d'ap. *Colombelle*, marge.

210 **Lingée** (Mad.). J. C. P. Lenoir, lieutenant général de Police de Paris; in-4., d'ap. *Pujos*. Très-belle ép.

211 **Littret de Montigny**. Malvin de Montazet, archevêque de Lyon, d'ap. *Vanloo;* in-fol. Superbe ép. avant la lettre.

212 **Loir**. Pierre d'Andrieu, presbyter; in-4, d'ap. *Vivien*. Superbe ép., marge.

Veydt 3.

Michel 4.50

Veem 10.

Veem 7.

R. [illegible] 4

[illegible] Labouch 10 Lapertin 7 50

Labouch 4

Vienne 6 Ch-H. 5 50 Lapertin 6 50

Lino 1

Lino 8 Teiss. 32 Labouche 15

Labouche 40

213 — Jean-Léonard Secousse, secrétaire du prince de Dombes, d'ap. *Rigaud;* petit in-fol. Très-belle ép.

214 **Lombart**, 1666. Pierre Maissat, secrétaire du roi; in-fol., d'ap. *Lefebure.* Très-belle ép.

215 **Lubin** (J.). Arnauld d'Andilly. — Condé. — Turenne. — Voiture. 4 p., tirées des Grands Hommes de Perrault. Superbes ép.

216 **Macret**. Antoine Petit, très-célèbre médecin, 1775; in-4. Très-belle ép., toute marge.

217 **Mellan** (Cl.). Ronsard et sa Maîtresse en regard, médaillons accollés et ornés; in-4. Très-rare.

218 **Michel** (J. B.). J.-J. Grimat de Bonneval, comédien; in-fol., d'ap. *Huquier.* Superbe ép., marge.

219 **Miger**. Joseph Vien, peintre; in-fol., d'ap. *M. Guiard.* Belle ép., marge.

220 **Moitte**. Jean Restout, peintre; in-fol., d'ap. *De La Tour.* Très-belle ép., marge.

221 **Morghen** (Raphaël). Le Dante, d'ap. *Tofanelli*; in-4. Superbe ép., toute marge.

222 — Léonard de Vinci, d'ap. lui-même. Superbe ép., lettres blanches, toute marge.

223 — 1801. Georges-Jonas Mayer d'Augsbourg, in-fol. Très-belle ép., d'ap. *Ettlinger.*

224 **Morin**. Bentivoglio, cardinal (R. D. 43), d'ap. *Van Dyck.* Très-belle ép.

C'est une des pièces recherchées du maître.

225 — Antoine Vitré, imprimeur, d'ap. *Ph. De Champagne* (R. D. 88). Très-belle ép.

226 **Muller** (J. G.). Louis Galloche, peintre; in-fol., d'ap. *Tocqué*. Très-belle ép., grande marge.

227 — Louis Lerambert, sculpteur, d'ap. *S. A. Belle*; in-fol. Très-belle ép., grande marge.

228 — Jean-Georges Wille, graveur, d'ap. *Greuze*; petit in-fol. Très-belle ép.

229 **Muller** (H. C.). Marquis de Dreux-Brezé; in-fol., d'ap. *Guérin*. Superbe ép. d'artiste avec dédicace signée par le graveur.

230 — Henri IV, d'ap. *Gerard*, dans un cadre allégorique de Percier. Superbe ép. d'artiste avec dédicace.

231 **Muller** (H. C.). J. Lafitte ; in-fol., d'ap. *Scheffer*. Très-belle ép. d'artiste, sur chine, avec dédicace signée par le graveur.

232 **Nanteuil**. Jacques Marquis de Castelnau; petit in-fol. (R. D. 58). Superbe ép.

233 — Guil. de Lamoignon (119). Belle ép., premier état.

234 — J.-Ant. de Mesmes, président (192). Très-belle ép., premier état.

235 **Petit**. M. P. de Voyer de Paulmy comte d'Argenson, garde des sceaux ; in-4, d'ap. *Rigaud*. Très-belle ép.

236 — H. Bachelier de Montcel, lieutenant criminel au Châtelet de Paris; in-fol., d'ap. *De Troy*. Superbe épreuve.

237 **Petit**. Evrard Titon du Tillet; in-fol., d'ap. *Largillière*. Très-belle ép.

238 **Pfeiffer**. Lavater. — Fr. van Zauner, statuaire; 2 portraits ovales in-fol. Très-belles ép.

Labrouch 10 Lind 1.

Michel 3

Tenis 21

Lésigne-

Dutrany 2.

Voigt 1.75

Labouch 10

Vieu 10 Alary 2

Tess. 4 Labouch 10

239 **Piazzetta** peintre (d'ap.) Son Portrait; in-fol., par *Cattini.*

240 — Pitteri, graveur vénitien, par lui-même, in-fol.

241 **Picart** (B.), 1704. Roger de Piles, amateur des arts; petit in-fol., grande marge. Très-belle ép., premier état avant les dates de naissance et de mort.

242 **Pitau.** Le comte de Schulemburg; in-fol., à mi-corps. Belle ép., marge.

243 **Ravenet.** Rollin, à mi-corps; in 4, d'ap. *C. Coypel.* Très-belle ép.

244 **Riffault.** De Quélus. — Saint-Mégrin, mignon d'Henri III; fac-simile des dessins du temps. 2 p. Superbes ép., marge.

245 **Rinaldi.** Tintoret, peintre; in-fol., d'ap. *Trezel.*

246 **Rivalz** (B.). Antoine Rivalz, peintre; très-belle eau-forte. Superbe ép., rare.

247 **Romanet.** Jean Grimoux, peintre, d'ap. lui-même; in-4. Très-belle ép., marge.

248 **Roullet.** J. Delpech, conseiller, d'ap. *Largillière*; petit in-fol. Très-belle ép.

249 **Ruhierre**, 1839. Le docteur Gall, à mi-corps, d'ap. *Mad. Benoist*, 1816; manière noire, in-fol.

250 **Schmidt** (G. F.). J. H. Burckhard, médecin; in-4, d'ap. *Muller.* Superbe ép., grande marge, rare.

251 — Charles, archevêque de Cambray, d'ap. *Rigaud*; beau portrait à mi-corps. Très-belle ép., marge.

252 — J.-B. Rousseau, à mi-corps; petit in-fol., d'ap. *Aved*. Très-belle ép.

253 **Schuppen** (Van). Hiérome Bignon. — Ismaël Bouillaud; 2 p., petit in-fol. Tirés des Grands Hommes de Perrault. Très-belles ép.

254 — P. de Bonzi, cardinal; in-fol., d'ap. *Bachichi*. Belle ép., marge.

255 — P. de Marca, archevêque de Paris; petit in-fol., d'ap. *Vanloo*. Belle ép.

256 — François Pithou; petit in-fol. Superbe ép., marge.

257 — Louis Thomassin, de l'Oratoire; petit in-fol. Très-belle ép., marge.

258 **Selis** (chez). L. F. de Bourbon Conti. — Louis XV, le Bienaimé. 2 portraits équestres; petit in-fol., rares.

259 **Sergent**. Clovis, Clotaire II, Pépin, Charlemagne, Philippe-Auguste, Louis VIII, Saint-Louis, Philippe-le-Bel, Charles V, Charles VII, Charles VIII, Louis XII, François I, Henri II, Henri IV; ces 15 portraits ovales en couleur avec chacun un sujet historique, avec explication; en tout 30 p. en couleur.

260 **Simon**. Guil. Bailly, abbé de Saint-Thierry. Superbe ép. in-fol., marge.

261 **Simonneau**. Jules Hardouin Mansart, surintendant des bâtiments; in-fol., d'ap. *De Troy*. Belle ép., marge.

262 **Sornique**. Nicolas Ménager; in-8, magnifique ép. avant la lettre, le nom du graveur à la pointe. Marge; très-rare. — Le même, très-belle ép. avec la lettre. 2 p.

Alari 1.

Larouch 8.

Philip. 10

jivelis nomi

Chatt. 8

Lapert 7 50

Michel 10 Labouch 10

Lise 3.50 Labouch 10
[illegible]

Chas H. 3 Lapert 5.50

263 **Surugue.** Louis de Boulogne, le père, peintre; in-fol. Très-belle ép., d'ap. *Mathieu.*

264 — René Fremin, sculpteur, d'ap. *De Latour.* Belle ép., in-fol.

265 — E. F. Geoffroy Parisien, médecin; in-fol., d'ap. *de Largillière.* Très-belle ép.

266 — Simon Guillain, sculpteur; in-fol., d'ap. *N. A. Coypel.* Très-belle ép., marge.

267 — Ch. Verdun, peintre; in-fol., d'ap. *Drouais.* Superbe ép., marge.

268 **Tardieu** (J.). Aunillon, abbé du Gué de Launay; in-4, magnifique ép., marge.

269 — Gédéon baron de Loudon; in-4, belle ép., marge.

270 **Tardieu** (Alex.). Napoléon, d'ap. *Muneret*, 1810; ovale in-4. Superbe ép. sur chine.

271 **Thomassin** (S. H.). Monseigneur le Dauphin, d'ap. *De Troy*; in-fol, toute marge. Très-belle ép.

272 **Trouvain.** M. le duc de Bourbon. — J. F. P. de Créquy de Lesdiguières. — Georges de Danemarck. — Guillaume Henri de Nassau. — Maréchal de Villeroi; 5 portraits en pied, petit in-fol. Très-belles ép.

273 — Robert de Cotte, architecte; in-fol., d'ap. *Tortebat.* Superbe ép., marge.

274 — René, ant. Houasse, peintre; in-fol., d'ap. *Tortebat.* Superbe, ép., marge.

275 — J. Jouvenet, peintre; in-fol., d'ap. lui-même. Très-belle ép., marge.

276 **Vallée**. J. F. Savary, presbiter ecclesiæ Metensis; in-fol, d'ap. *De Troy*. Superbe ép., marge.

277 **Vallet**. Pierre de Laurens, prieur-majeur de Clugny; in-fol. d'ap. *Alex. Du Buisson*. Superbe ép.

278 **Vangelisty**. Pierre Constant d'Ivry, architecte du roi; in-fol., d'ap. *Houel*. Superbe ép., grande marge, rare.

279 — Ch. Gravier comte de Vergennes; beau portrait grand in-fol., d'ap. *Callet*.

280 **Vermeulen**. Nicolas Vander Borcht, en pied, d'ap. *Van Dyck*; in-fol. Très-belle ép., marge.

281 **Visscher** (C.). Comtes et Comtesses de Hollande; 38 portraits, in-fol. Très-belles ép.

282 **Voysard**. Louis Gillet, dit Ferdinand, maréchal des logis au régiment d'Artois, profil posé sur les scènes qui l'ont illustré, d'ap. *Borel*; in-4. Belle ép.

283 **Will** (J. G.). C. L. A. Foucquet de Belle-Isle, maréchal; in-fol., d'ap. *Rigaud*. Très-belle ép.

284 — Cl. Nicolas Le Cat, médecin; in-4, d'ap. *Thomiers*.

285 — Maurice de Saxe; in-fol., d'ap. *Rigaud*. Très-belle ép.

286 — Les Grands Hommes de Perrault; 100 portraits y compris le titre, par *Edelinck*, en feuilles.

287 **Portraits** d'hommes célèbres anglais. 14 p. in-8.

Dagiel 3.

Ch.ssH. 4.

Jakosuh 10

Lobaut 15

Lobaut 30

Dur 12

Martin 15 Dur 25

288 **Portraits** d'Artistes peintres hollandais, Meissens, ex. et autre; 18 p. Très-belles ép.

289 — Artistes peintres, la plupart Italiens. 40 p., in 4.

290 — Artistes peintres français, modernes et autres. 23 p.

291 — Députés, d'ap. Guérin, par Fiesinger, Vérité et autres. 14 p. in-8. Très-belles ép.

292 **Ecclésiastiques**. L'Abbé Mauri; in-4, en couleur, etc. 6 p.

293 **Médecins**. Astruc, Gessner, Gualtieri, Le Cat, Petit. 6 p. in-4.

294 — Littérateurs, Princes; Célébrités diverses. 40 p., 2 lots.

École Française du XVIIIe siècle

295 **Anonyme**. La Curiosité, Montreur de Lanterne magique. Belle ép.

296 — Le double Engagement, scène d'enrôlement. Belle ép.

297 — La Peinture, la Danse, la Musique, la Géographie. 4 sujets ovales, in-8, en travers.

298 — Contes de La Fontaine; grand in-8, en travers. 5 p., très-belles.

299 — Contes de La Fontaine; in-8 et grand in-8., en hauteur; le Bast, la Courtisanne amoureuse, etc. 11 p., très-belles.

300 **Aubert**. Pan instruit par l'Amour, d'ap. *Carrache*. In-4. Jolie p., très-belle ép., marge.

301 — Mars désarmé par Vénus, d'ap. *Paul Véronèse.* In-fol., marge.

302 **Aveline.** Fables de La Fontaine, d'ap. *Oudry* et par Aliamet et autres. 20 p., très-belles ép.

303 **Balechou.** Les Éléments, les Sens, et autres petits sujets gracieux. 8 p., belles ép.

304 **Basan.** La Méridienne hollandaise. — Joueur de vielle endormi, d'ap. *Miéris.* Belle ép., marge.

305 **Baudouin**, officier aux Gardes-Françaises. — Les Filous jouant aux cartes. Belle ép., marge.

306 **Baudouin** (d'ap.). Perrette la laitière, par *Guttemberg.* — Marton la bouquetière, par *Ponce.* 2 jolies p., très-belles ép.

307 — Jusque dans la moindre chose. — Jolie Fille effeuillant une rose, par *Masquelier.* Très-belle ép. marge.

308 — L'Enlèvement nocturne, par *Ponce.* In-fol., très-belle ép., pap. vélin.

309 — L'Épouse indiscrète, par *De Launay.* Très-belle ép., grande marge

310 — Le Chemin de la Fortune. — Présentation d'une danseuse. Très-belle ép.

311 — Le Catéchisme des Demoiselles, par *Moitte.* Superbe ép., marge.

312 **Beauvarlet.** Suzanne et les Vieillards, d'ap. *Luc. Jordans.* Belle ép., marge.

313 — Toilette pour le bal, d'ap. De Troy. Sup. ép., marge.

314 **Bertaux** (Duplessis). Tableaux de la révolution. 86 p.

liv—

...e X 5. 50

Michel 28

Dew. 11

Labouch 15

Vieux 5 Michel 2

Michel 8 Georg. 2

[illegible] 3

315 **Bervic,** d'ap. *Mérimée.* — L'Innocence. Sup. ép. avant la lettre.

316 **Boilly** (d'ap.). 1re et 2e scène de Voleurs. 2 p. manière noire.

317 — Le Billet doux. — La Mère voyant le chapeau et la canne. 2 p. très-belles, avant toute lettre.

318 **Boucher.** Son portrait, in-4, par *L. Bosse.* Très-belle ép.

319 — Jeune Paysan. Jolie eau-forte (Baudicourt, 179). Très-belle ép. signée *Tonton Boucher*, non pas dans la marge mais dans le sujet. Par l'exécution, cette eau-forte nous semble être de Mme Boucher. Rare.

320 **Boucher** (d'ap.)? Jeune Garçon assis tenant une raquette (dit le fils de Boucher). *Scait tu d'où viens*, chez Huquier fils. Très-belle ép.

321 — Buste de jeune Fille embrassant son oiseau. B. W. F. Charmante eau-forte in-4.

322 — La Tête bondissante. — Le Puits. 2 p. par *Chedel.* Très-belles ép.

323 — Les Enfants dormant. — L'Agréable Solitude. — Turc. — Chinois. 4 p. par divers.

324 — L'Étourdi, Psyché, l'École des Maris, le Mariage forcé, etc. 6 p. de Molière, in-4, par *Cars.* Superbes ép.

325 — La Poésie lyrique, par *Duflos.* Superbe ép.

326 — Retour de chasse de Diane, par *Duflos.* Jolie pièce gracieuse, très-belle ép.

327 — La Mort d'Adonis, par *Surugue.* Très-belle ép. marge.

328 **Boucher** et autres (d'ap.). Baigneuses, Cabinet du Secret, l'Agréable occasion, l'Amant complaisant et autres petits sujets gracieux. 16 p., très-belles.

329 **Carême** (d'ap.). L'Innocence instruite par l'Amour. Superbe ép. par *Campion.*

330 — La petite Thérèse, par *Couché*. Très-belle ép., toute marge.

331 **Cars**. Fables de La Fontaine, d'ap. *Oudry*, et par Chenu, de Ferth et autres. 24 p., très-belles.

332 **Chardin** (d'ap.). La Jeune Fille au volant, par Lépicié, 1742. A Lyon, chez Gentot. Très-belle ép.

333 — La bonne Éducation. Très-belle ép. par *Lebas*. Grande marge.

334 **Chedel**. Fables de La Fontaine, d'ap. *Oudry*. 31 p. Superbes ép.

335 **Chereau** (chez), etc. Suzanne, les Amours des Dieux. 10 petits sujets gracieux, très-belles ép.

336 **Chevaux** (d'ap.). Disgrâce de Gabrielle d'Estrées et retour d'Henri IV. 2 p.

337 **Chevillet**. La Mère grondant ses enfants, d'ap. *Peters*. Sup. ép. avant la lettre, les noms d'artistes à la pointe.

338 **Claessens**. Le fils de Téniers. Très-belle ép.

339 **Clavareau**. Scène du Maître de musique à genoux; la jeune fille lui montre son père qui dort. Rare.

340 **Clément**. Mendiante avec ses trois enfants. Jolie petite eau-forte.

rouj 7.

Michel 7

Michel 7

arm 35 Olive

itchf 6.

[illegible]

[illegible] 10

[illegible]

[illegible]

[illegible]

[illegible] 5

341 **Cochin.** Le Chanteur de cantiques. — Silvie délivrée par Aminte. 2 p.

342 — Décoration de la salle de spectacle pour le mariage du Dauphin en 1745. Grand in-fol. en hauteur. Très-belle.

343 — Décoration du bal masqué donné à la même occasion en 1745. Grand in-fol. en travers.

344 **Coelmans**. Toutes les Saisons, d'ap. *J. Miel.* Sup. ép., marge.

345 **Colson** (d'ap.). L'Action. — Le Repos. 2 p. par *Dupin*. Très-belles ép., grande marge.

346 **Copia**. Julie, d'ap. *Mallet*, ou le premier Baiser de l'Amour. Très-belle ép., lettre blanche.

347 **Couché**. Le Frère quêteur. Jolie pièce, rare.

348 **Courtin** (d'ap.). Le Hanneton. — Prêtresse. 2 p. par *M. Aubert.*

349 — La belle Danseuse. — Les Jeux naïfs. 2 p. par *M. Aubert.*

350 — Le Jeu de Bilboquet. — Lorsque dans ce miroir. — A son aimable contenance. — Cette aimable fileuse. — Jeune Fille qu'Amour instruit. — J'écouterai peut-être un jeune adorateur. 6 jolies p. par *Fr. de Poilly.*

351 — Aimable Corybante. — Ce petit Écureuil. — Lorsque sur ses vieux jours. 3 p. par *Jean de Poilly.*

352 — Loin de sa mère, Amour. — Ce chien qui m'obéit. — Tendre fillette en âge d'être aimée. 3 p. par *J. B. de Poilly.*

353 — Par vos amusements discrets. Jolie pièce par Haussard. — L'Amour médecin, par *Mathey.* Très-belle ép.

354 — Danaë visitée par Jupiter en pluie d'or. Très-belle ép. par *Surugue.*

355 **Coypel** (Ant.). Pan dompté par les Amours. (R. D. 10). Très-belle ép., 1er état.

356 — Démocrite (12). Très-belle ép.

357 **Coypel** (d'ap. Ch.). Les Saisons. 4 bustes de jolies femmes, par *Ravenet*. Très-belles ép.

358 — Ce dépit n'est point redoutable, par *Surugue.* Jolie femme donnant des pichenettes au portrait de son amant; toute marge, 1er état, chez Surugue, 1747. Sup. ép., marge.

359 — Daphnis, par *Surugue.* Superbe ép.

360 — Jeu d'enfants, critiques sur les modes de l'époque, par *Lépicié.* Superbe ép. marge, d'une charmante composition.

361 **Coypel** (d'ap. N. N.). Vénus sur les eaux, par *Desplaces*. Gracieuse composition. Très-belle ép., marge.

362 **Davesne** (d'ap.). La Coquette Sophie, par *Voyez Junior*. Gracieuse jeune fille. Belle ép.

363 **David**. La Promesse du retour, scène gracieuse d'ap. *Tischebein.* Belle ép.

364 **Debucourt**, par Edmond et Jules de Goncourt, Étude contenant 2 dessins, gravés à l'eau-forte. In-4, broché.

365 — Études d'ap. Rembrandt. 2 têtes d'Hommes.

366 — Le Rempailleur de chaises, d'ap. *C. Vernet.* Imprimé en couleur. Très-belle ép.

367 — Jouis, tendre mère. Sup. ép. marge, bistre.

368 — La Famille Isabey sur le lac d'Enghien. Très-belle ép. avant la lettre, rare.

Michel 7 oliver

Michel 5

Vien 5

Cluseret Vien 5

Michel 6
Groij 1 25 Michel 11

Michel 5

Michel 4

Michel 9

369 **Delaunay**. L'Acte d'humanité, d'ap. *J. de Fraine.* Très-belle ép. avant les lignes de dédicace, marge.

370 — La Reconnaissance de Fontrose, d'ap. *Aubry.* Très-belle ép., marge.

371 **De Marcenay**, 1766. La Fleuriste, d'après *G. Dow.* Sup. ép.

372 **Dequevauvillers**. Combat naval de Lamothe-Piquet en 1779 contre l'escadre anglaise.

373 **Desplaces**. Danaé, d'ap. *Cazes.* In-4, sup. ép., marge.

374 — Le Sacrifice du Prophète et les prêtres de Baal, d'ap. *Lebrun.* Très-belle ép., marge.

375 — L'Amour heureux, d'ap. *P. Véronèse.* Très-belle ép.

376 — Paul Véronèse entre le Vice et la Vertu. Trè-belle.

377 — Vénus et l'Amour, d'ap. *Parmesan.* Sujet gracieux. Belle ép.

378 **Descourtis**. Foire de village. — Noce de village. 2 charmantes petites p. in-8 d'ap. *Taunay*, extrêmement rares, grandes marges.

379 **Desrochers**. L'Amour piqué par une abeille, Vénus le console, d'ap. *Bertin.* Sujet gracieux. Sup. ép.

380 **De Troy** (d'ap.), Nymphes surprises au bain. Sup. ép. par *F. Beauvarlet.* Marge.

381 — Salmacis et Hermaphrodite, par *Daullé.* Sup. ép., marge.

382 **Devaux** (Thérèse). Jeune Enfant faisant danser son pantin, d'ap. *Morillos.* Sup. ép., marge.

383 **Diacre**. Petits sujets de Femmes, dits Tabatières. 5 p., belles ép.

384 **Du Bos** (Jeanne-Renard). Le Lapin angora, d'ap. *Madeleine Basseport.*

385 **Duflos** (chez), Poilly, etc. L'Heure du berger, les Saisons, Parties du jour. 10 petites pièces gracieuses, très-belles.

386 **Dumont** le Romain (d'ap.). Filant tranquillement. Scène villageoise, par *Silvestre.*

387 **Dupin** (chez). Le Buveur enjoué. (École de Watteau.)

388 **Eisen** (d'ap.). L'Amour assortit les bergers, par *Patas.*

389 **Fessard**. La Cage symbolique. Tres-belle ép. avant la dédicace.

390 **Foulquier**. Mort de sainte Monique, d'après *Despax.*

391 **Fragonard**. Le Parc sans la statue. — Les deux Femmes à cheval. 2 pièces, très-belles ép.

392 — Satyres faisant sauter une jeune fille. — La Famille du Satyre. 2 p. imitant les bas-reliefs antiques.

393 — La Circoncision. — Les Disciples d'Emmaüs. Les deux Femmes sur les nues. 1er état avant le numéro. (Baudicourt, 22).

394 **Fragonard** (D'ap.). L'Amour sacrifiant ses ailes à l'amitié, par *Alix.* Jolie pièce gracieuse. Très-belle ép., rare.

395 — Fontaine d'Amour, par *Audebert.*

396 — Le Paysan et son seigneur, par Mme *Lingée.* Conte de La Fontaine.

…ren 10

…ldon 4

…ldon 4 Deny 20.

…ldon 4

…Michel 12 Veen 10

…un 5

Michel. 16 [illegible]

Michel 7

[illegible] 5

Michel 11

397 — L'Heureuse Fécondité, par *Delaunay*.

398 **Freudeberg** (d'après). La Gaieté conjugale. — La Félicité villageoise. 2 p. par *Delaunay*. Très-belles ép., marge.

399 — Le Négociant ambulant. — Le Soldat en semestre. 2 p. par *Ingouf junior*. Superbes ép. d'eau-forte pure, marge.

400 — La Complaisance maternelle, par *Delaunay*. Superbe ép., marge.

401 — Lison dormait, par *Trière*, jolie p., très-belle ép., marge.

402 — La Toilette, par *Voyez* l'aîné. Très-belle ép. avant le n° (3).

403 — La Visite inattendue, par *Voyez*. Superbe ép. marge, avant le n° (5).

404 — La Promenade du matin, par *Lingée*. Très-belle ép., marge.

405 **Gaillard** (Louise). L'Agaçante, la Dissimulée, la Mystérieuse, la Nonchalante, 4 costumes de femmes, d'après Ville fils et Schenau.

406 **Gérard** (Mlle). Les Regrets mérités, gravé par *Delaunay*, magnifique ép., toute marge.

407 **Gillot** (d'ap.). La Laitière et le Pot au lait. — Jeune fille, d'ap. *Greuze*, 2 p.

408 **Greuze** (d'ap.). Les Œufs cassés, avant toute lettre.

409 — Ah! Madame! vous la voyez? jolie petite pièce par *Moreau* jeune. Ép. sans marge.

410 **Grimou** (d'ap.). L'Espagnol, par *Flipart*.

411 **Hallé** (Noël), 1739. Antiochus renversé de son char, avant le n° 100 et l'adresse de Briceau (Baudicourt, 1). — Antiochus dictant ses dernières volontés, avant 99; l'adresse de Briceau et les travaux au berceau (2). 2 p. à l'eau-forte, superbes.

412 — (d'ap). Enfant vielleur devant sa mère assise, qui tient un petit enfant sur ses genoux. Très-belle ép. par *Dupin*, marge.

413 **Hauber**. Léar et Cordelia. — La Charité romaine. 2 p. à l'eau-forte, imp. au bistre.

414 **Horthemels**. Naissance de Saint Jean, d'ap. *Tintoret*. Très-belle ép.

415 **Hubert**, 1765. La nouvelle Héloyse, d'ap. *Lefevre*.

416 **Huet**. Figures allégoriques, avec médailles pour fin de pages et d'ap. Hilaire, par *Varin*; la Vénus bachique, 10 p.

417 **Hutin** (C.). Tarquin et Lucrèce (Baudicourt, 16), 1er état. Très-belle ép.

418 **Jacob**. Angélique et Médor.

419 **Janinet**. L'Avarice, la Colère, la Douleur, l'Hypocrisie, la Nonchalance, le Rire, la Terreur, la Vengeance. 8 p. in-8.

420 **Jeaurat**. L'Enfant et le Maître d'école. — La Montagne qui accouche d'une Souris. 2 p. Fables de La Fontaine, gr. in-4. Très-belles ép.

421 **Jeaurat** (d'ap.). L'Accouchée, belle ép. par *Lépicié*.

422 — Vénus et Adonis, par *Gaillard*. Très-belle ép., marge.

Michel 22 Coller 30

Michel 5

Michel 5

Michel 4

Michel 4

Michel 9

Jerv. 8

423 — Petits sujets de femmes dits tabatières, 4 p. Très-belles ép.

424 **Jollain** (Chez). Livre nouveau de fleurs et d'oiseaux dessinés et gravés d'ap. nature. 24 p.

425 **Lalive de Jully**. Recueil de Caricatures d'ap. *Saly*, 16 p. Très-rares, sup. ép. avant le n°. Le n° 17, eau-forte pure d'une planche différente, et 4 ép. avec le n°, en tout 21 p.

426 — Suite de paysages dédiés à M. Franceuil, 4 p. Superbes ép. avant le n°.

427 — Paysages dédiés à M. de L. de B., avant le n°. 2 p. — Dédiés à Mme de L. D. J. 2 p., en tout 4 p. Superbes.

428 — Le Feu, l'Eau, l'Air, 3 p., sujets d'enfants, d'après *Natoire*. L'Air est avant le n°. Superbes ép.

429 — Minerve protégeant les Arts. — Bacchus automate. — Vase au Hibou, avant le n°; 3 p. Superbes ép.

430 — Château de la Briche. — Château de la Chevrette, 2 p. in-fol., d'après *Franceuil*, non décrites au catalogue Devèze. Superbes ép. Très-rares.

431 **Larmessin**. Le Villageois qui cherche son veau, d'après *Vleughels*, conte de La Fontaine. Très-belle ép.

432 **La Rue** (d'ap.). Cavaliers conduisant les prisonniers, par le comte de *Bizemont*.

433 **Lavreince** (d'ap.). Le Directeur des Toilettes, ép. avant toute lettre, la bordure à l'eau-forte.

434 **Lebarbier** (d'ap.). Le Mari dupe et content par *Patas*. Superbe ép., grande marge.

435 **Lebas** graveur. Son portrait par *Cathelin*, d'ap. Cochin.

436 — Pastorales, Diogène et Alexandre; 3 p. très-belles.

437 — L'Amant aimé. Superbe ép., marge.

438 — Colin-Maillard, charmante composition. Très-belle ép.

439 **Le Bas**, 1753. La Marchande de beignets. Très-belle ép.; charmante composition.

440 — Le Devoir maternel. — L'Éducation commenmencée. 2 petites scènes maternelles, d'après *Lépicié*. Très-belle ép., marge.

441 — D'ap. Berghem, Breughels, Fêtes flamandes d'ap. Téniers, tirées du cabinet Praslin. 6 p. très-belles, marge.

442 — D'après Breughels, Polemburg, Ruysdael, Téniers, Wouvermans. 5 p. très-belles.

443 — Revue de la maison du roi au Trou-d'Enfer, d'après *Le Paon*. Ancienne ép., toute marge.

444 **Le Beau** (chez). Conventions de mariage d'un vieux intéressé avec une fausse modeste, à qui il demande une grosse dot. — Le mari trompé le lendemain du mariage; la fausse modeste fait apporter sa dot; 2 p. Sup. ép., marge.

445 **Leclerc** (d'ap. S.). L'Homme entre deux âges et ses deux maîtresses. Grand in-4° par *Aubert*. Superbe ép., rare. Conte de Lafontaine

446 **Le Mesle** (d'ap.). Le Lutrin, planches II, III, VI, VII. 4 p. très-belles.

Ohne

Hedon 4

Hedon 4

Teis. 3 Hedon 4

447 **Le Mire**, 1788. Cléopâtre, in-4, avant la lettre.

448 **Lemoine** (d'ap.). Le Temps enlevant la Vérité, par *Cars*. Très-belle ép.

449 **Lempereur** (J.-B.-Denis). Paysage, fac-simile de dessin d'ap. *P. Testa*. Superbe épreuve.

450 **Lempereur** (Louis). Pyrame et Thisbé, d'ap. *Cazes*. Très-belle ép.

451 **Lempereur**. Fables de La Fontaine, d'ap. *Oudry* et par Le Mire, L. Legrand, Gaillard, etc., 26 p. très belles.

452 **Lenain** (d'ap.). Intérieur rustique. 5 figures. A gauche, jeune fileuse près d'un jeune homme qui tient un verre, une vieille regarde un homme qui écrit; à droite, un vieillard de profil. Très-belle ép. avant toute lettre. Rare.

453 **Lépicié**. Le Printemps, d'ap. *Rosalba*. Gracieux buste de femme.

454 **Le Prince**. Satyres et Bacchante gardant des bestiaux, in-fol. en travers, en bistre. (Le Blanc, 3).

455 — La Récréation champêtre, 1769. Très-belle ép. en bistre (L.-B., 47).

456 — Le Repos : Vieillard conduit par une vieille près du lit d'une jeune fille endormie, 1771. Superbe ép. en bistre (L.-B., 47).

457 **Le Prince** (d'ap.). La lettre envoyée, par *Delaunay*. Très-belle ép. avant la dédicace.

458 — L'Enfant chéri, par *Delaunay*. Très-belle ép., toute marge.

459 **Leroy** (d'ap.). Coucou, par *Beljambe*, belle ép avant le titre.

460 **Levachez.** Entrevue de Louis XIII et de Mlle de Lafayette à l'Hôtel-Dieu, en couleur, d'ap. *Lecomte*, in-fol.

461 — Mme de La Vallière aux genoux de la Reine; Louis XIV et Mme de La Vallière dans le couvent, à Chaillot. 2 p. in-fol., en couleur, d'après *H. Vernet*.

462 **Le Vasseur.** La Laitière et le pot au lait, d'ap. *Bertin*. Très-belle ép.

463 — Apollon et Daphné, d'ap. *Luc Jordans*. Sup. ép. avant la dédicace, toute marge.

464 — La Gaîté sans embarras, d'après *Kraus*. Magnifique ép., grande marge.

465 — Narcisse, d'ap. *Lépicié*. Superbe ép.

466 — Quos Ego, d'ap. *Lépicié*. Très-belle ép.

467 — Le Satyre amoureux, d'ap. *Mettay*, jolie composition. Très-belle ép.

468 — L'Éducation de l'Amour, d'ap. *Romanelle*. Très-belle ép.

469 — Les Saisons, 4 p. in-fol., d'ap. *Le Bas* et *Rembrandt*. Anciennes ép., marges.

470 **Loutherbourg.** La Danse des Chiens. — Pâtre et son troupeau. 2 p. à l'eau-forte.

471 **Macret.** Le Mouchoir, scène turque, d'après *Le Barbier*.

472 **Mallet** (d'ap.). Les Jeux de l'Amour, par *Beljambe*, en couleur.

473 — Par ici, par *Copia*. Jolie femme à sa fenêtre, in-4.

474 **Marie Anne**, archiduchesse d'Autriche, 1772. Paysage, la Chaumière qui brûle, manière de crayon.

Marta 5

Hadrau 4

Vien 5

[illegible] 8

Olive

Vin 10

[illegible]

[illegible] 7.50 Lapin 11.50 Gras 2.50

475 **Martenasie**. Fables de Lafontaine, d'après *Oudry* et par Moitte, Ménil, etc.

476 **Martinet**. Sacrifice à Cérès ; Vues de la porte Saint-Antoine. 3 p.

477 **Martinet** (Thérèse). Fanchette, Pastorales, Scènes d'amants; Lucile, comédie; les Courtisannes, les Méprises. 7 p. très-belles.

478 **Martini**. Exposition au salon du Louvre en 1787, charmants costumes. Superbe ép., toute marge.

479 **Masquelier**. Les Garants de la félicité publique, allégorie de Louis XVI et Marie-Antoinette. Superbe ép. avant la lettre, avec les armes.

480 — Le même avec la lettre. Superbe épreuve, toute marge.

481 — Jeune Fille à mi-corps, dormant. Gracieux médaillon avant la lettre, in-8.

482 **Matthieu** (G.-D.), 1765. Sujets à l'eau-forte d'une pointe savante, relatifs à l'histoire d'un chat; terminés par sa dispute avec Cerbère pour entrer aux enfers. 5 p. in-4 charmantes, très-rares et non décrites.

483 **Mercier** (d'ap.). La Belle Dormeuse, par *Avril*. Très-belle ép.

484 **Michel**. Je r'aurai mon étrille, d'ap. *Morete*, en bistre. Belle ép.

485 **Miger**. Junon empruntant la ceinture de Vénus, d'ap. *Regnaud*. Très-belle ép. avant la dédicace.

486 **Moitte**. L'Œuf cassé, d'ap. *Mieris*. Superbe ép., marge.

487 — Bourgeoise de Bologne. — Paysanne de Calabre. 2 costumes.

488 — Avec ou dessus. — Je paye l'intérêt de ma mauvaise mine. 2 bas-reliefs gravés par *Alix.*

489 **Mondon** le fils. L'Heure du matin. — L'Heure de midi. — Le Temps de l'après diner. 3 p. dans des entourages rocailles. Superbes ép. par *Aveline.*

490 **Moreau** le jeune (d'ap.). Réception de l'auteur chez Hassan, par *Duclos.* Belle ép.

491 — Henri IV chez le meunier, par *Simonet.*

492 — Costume physique et moral au XVIIIe siècle.
— Déclaration de la grossesse, par *Martini.*
— Les Précautions, par *Martini.*
— J'en accepte l'heureux présage, par *Trière.*
— N'ayez pas peur, ma bonne amie, par *Helman.*
— C'est un Fils, Monsieur, par *Baquoy.*
— Les Petits Parrains, par Baquoi et *Patas.*
— Les Délices de la maternité, par *Helman.*
— L'Accord parfait, par *Helman.*
— Le Rendez-vous pour Marly, par *Guttemberg.*
— Les Adieux, par *De Launay*, le jeune.
— La Rencontre au bois de Boulogne, par *Guttemberg.*
— La Dame du Palais de la Reine, par *Martini.*
— Le Lever, par *L. Halbon.*
— La Partie de Wisch, par *Dambrun.*
— Le Seigneur chez son Fermier, *Delignon.*
— La Petite Loge, par *Patas.*
— La Sortie de l'Opéra, par *Malbeste.*
— Le Souper fin, par *Helman.*

— 18 p. très-recherchées, pour les costumes et ameublements. Belles ép. avec grandes marges.

493 **Nilson**. Une Pendule avec les Quatre Parties du Jour. — La cheminée ornée des Quatre Parties de l'Année. — Façon moderne d'une porte de jardin. 3 pièces des plus recherchées du maître.

494 **Norblin**. Alexandre et Diogène, jolie eau-forte. Très-belle ép.

495 **Oudry** (d'ap.). La Surprise du Renard, par *Beauvarlet*.

496 **Papavoine** (Mlle). Jeune Femme jouant de la mandoline, d'ap. *Bega*, avant la lettre.

497 **Pater** (d'ap.). Scènes du roman comique de Scarron; 13 p. Superbes ép., grandes marges.

498 **Patu**. La chaste Suzanne entre les deux Vieillards. Très-belle ép. avant la lettre.

499 **Pauquet**. Intérieur villageois. On fait embrasser à un petit enfant le buste de Marie-Antoinette. Eau-forte pure d'une pièce qui n'a probablement pas été terminée. Rare.

500 **Picart** (B.). Lettres Galantes, charmante Vignette in-8, en travers. Magnifique ép., marge.

501 — 1724. Renaud et Armide. Superbe ép. in-fol. Commencé par *Chereau*, en 1711.

502 — Le Lutrin. 6 p. in-4; magnifiques épr, avec le titre et l'explication des planches.

503 — La Toilette, la Bonne Aventure et autres petits sujets dits tabatières. 4 p., superbes ép.

504 **Pierre**, 1758. La Sainte Famille. Belle eau-forte ; in-fol. Superbe ép.

505 **Pierre** (d'ap.). Marché aux Légumes, par *Pelletier* ; avant et avec l'adresse de Fouquet à Amsterdam. 2 p.

506 — Bacchus et Ariadne, par *Lempereur*. Superbe ép.

507 — Sacrificium in honore panos, par *Lempereur*. Superbe ép.

508 — La Lanterne magique, par *Daullé*. Très-belle.

509 — Les Serments du Berger, par *Lempereur*. Très-belle ép.

510 **Poisson**. L'Avare. Jolie eau-forte, avec quatre vers.

511 **Prévost**. Fables de La Fontaine, d'ap. *Oudry* et par Pasquier, etc. 22 p. Très-belles ép.

512 **Radigues** (A.). Fables de La Fontaine, d'ap. *Oudry*. 3 p., très-belles.

513 **Raoux** (d'ap.). En vain Cloris affecte un air simple et modeste : jolie Femme à sa fenêtre tenant son rideau, par *de Poilly*. Très-belle ép., marge.

514 **Ravenet**. Sujet d'Histoire ancienne : une Femme parlant à des Guerriers et un Vieillard, d'ap. *Cazali*. Très-belle ép., avant toute lettre.

515 — L'Annonciation, d'ap. *Corrége*. Très-belle ép.

516 **Regnault** (d'ap.). L'Innocence. — Jupiter et Calisto. 2 p., belles ép.

517 **Romanet**. Le Chanteur en Foire. — Le Marchand de Village. 2 p.

Munaron 10 Ditchfe 5

Michel 13

Duchamp 26

[illegible]fon 25 Ditchfe 12

Dieuzy 40 Bonnefon [illegible] Grosj. 3.75

Vain 10 Hedon 2 50 Michel 5 Laboret 6 Grosj. 1.75

518 **Roubillac.** Le Médecin du Village, d'ap. *Scalke.* Très-belle ép.

519 **Saint-Aubin** (d'ap. G. de). Comparaison du Bouton de Rose, par *Dennel.* Superbe ép., marge.

520 — Ballet dansé a l'Opéra dans le Carnaval du Parnasse, par *Basan.* Superbe ép., toute marge.

521 **Saint-Aubin** (Aug. de). Louise-Émilie, Baronne de ...— Adrienne-Sophie, Marquise de ... — 2 gracieux Portraits de Femmes, *ad vivum.* Épreuves avant les adresses.

522 **Saint-Aubin** (Aug. de) et Pruneau. L'Amour à l'Espagnole. Très-belle ép., d'ap. *Le Prince*, avant la dédicace.

523 **Saint-Aubin** (d'ap. Aug. de). Le Concert (c'est le premier Concert de Gluck, chez la princesse de Soubise). — Le Bal Paré. 2 p., par *Duclos*; riche décoration intérieure et réunion de costumes de distinction de l'époque. Superbes ép., sans marge.

524 — La Promenade des remparts de Paris. — Tableaux des Portraits à la mode, gravés par *Courtois*; superbes ép. Ces 2 pièces sont des plus recommandables pour la réunion de jolis costumes et voitures du XVIIIe siècle.

525 **Saint-Non** (l'Abbé de). Il est âgé, on le voit par une fenêtre regardant des estampes que lui présente un garçon; à l'eau-forte, par lui-même.

526 — Fragments d'Anquités, Statues, etc. 12 p. à l'eau-forte.

527 — Recueil de Griffonnis, Paysages ovales. 7 p.

528 — Le petit Palet, d'ap. *Benard* et autres. 7 p.

529 — Paysages, d'ap. *Le Prince*. 12 p.

530 — Paysages, Ruines, d'ap. *Robert*; manière noire. 10 p.

531 **Santerre** (d'ap.). Quand le Masque d'Iris, avec la tête jeune et penchée; la tête droite et plus âgée. 2 p., par *Chateau*. Superbes ép.

532 — Iris à la faveur de ce déguisement. — A me voir j'ai les traits d'une beauté divine. 2 Jolies Femmes, par *Chateau*. Superbes ép.

533 — Pourquoi le tendre Amour. — A Florise. 2 jolies Femmes, par *Chateau*. Superbe ép.

534 — Jamais tu ne feras un potage bien bon; jolie p., par *B. Picart*. Superbe ép., toute marge.

535 — La Beauté dangereuse, par *Chevillet*; jolie Dame à sa fenêtre. Très-belle ép.

536 **Schall** (d'ap.). Le fidèle Indiscret, par *Gaillard*, rare.

537 **Schenau** (d'ap.). L'Amour conduit par la Folie. — L'Amour conduit par la Fidélité. 2 jolies p.

538 — La Brouette par terre, par *Varin*. Belle ép.

539 — L'Origine de la peinture, ou les Portraits à la mode. Très-belle ép., par *Ouvrier*.

540 — Leçon de Botanique, par *Chevillet*. Superbe ép., grande marge.

541 — La Crédulité sans réflexion, par *Halbou*. Très-belle ép.

542 **Schultze**. Jeune homme en fourrure, eau-forte superbe.

Michel 11

Michel 22

Numero 12. Lebien B..50 Gross'. 2 50

Olivier

Laborde 2

543 **Selis** (chez), etc. La Cruche, l'Indiscret, Cécilia, la Scavante, la Dévote, l'Économe, la Coquette, la Danse et autres. 12 petits sujets gracieux.

544 **Simonet**. L'Heureuse Nouvelle, d'ap. *Aubry* (le numéro de loterie est sorti). Magnifique ép., in-fol., toute marge.

545 **Surugue**, 1744. L'Hyver: jolie Dame en buste avec manchon; in-4. — L'Enlèvement d'Hélène 2 p.

546 **Tanche**. Le Cristère donné. — Le Cristère rendu. 2 p. à l'eau-forte, un peu charges contre les médecins. Superbes ép., rares.

547 **Tardieu**. Noli me tangere, d'ap. *Titien*. Très-belle ép., marge.

548 — Fables de La Fontaine, d'ap. *Oudry* et par Teucher et autres. 22 p., très-belles.

549 **Touzé** (d'ap.). La Marchande de Noisettes, — la Marchande d'Œufs. 2 p., par *Hemery*. Très-belles ép., toute marge.

550 **Vangelisty**. La Petite Fille à la Flûte; petite pièce avant la lettre.

551 **Van Gorp** (d'ap.). C'est Papa; jolie composition, par *Delaunay*. Superbe ép., toute marge.

552 **Vanloo** (Carle). Son Portrait; in-4, par *Miger*.

553 — Betsabée au Bain, par *Tardieu*.

554 **Vanloo**. Le Pouvoir de l'Amour, d'ap. *Vleughels*. Superbe ép., grande marge.

555 **Vinkeles**. Décoration théâtrale, Rue italienne, Scène de l'Enfant prodigue.

556 **Vrydag.** Intérieur, scène de famille, d'ap. *Buys.* Superbe ép.

557 **Watteau** (d'ap.). Colombine et Arlequin, panneau arabesque, par *Moyreau.*

558 **Wille** fils (d'ap.). L'Écrivain public, par *Guttemberg.* Très-belle ép.

559 Costumes de théâtre, anciens. Roi d'armes, époque de Louis XIV et autres, la plupart en couleur, par *Janinet.* 30 p., grand in-8. Très-belle ép.

560 Costumes de Médecins, 1493. Pages, Mignon, Chevalier de Saint-Louis, etc. 7. p. par *Pauquet*, coloriées.

Vignettes, Illustrations

561 **Bartolozzi.** Vignettes tirées de divers ouvrages, d'ap. Cipriani. 12 p., in-8; quelques-unes avec différence.

562 **Bergeret** (d'ap.). Fables de La Fontaine. 11 p. in-8. Très-belles ép.

563 **Bertaux** (Duplessis). Illustrations pour les Contes de La Fontaine, pour Voltaire et autres; 92 petites pièces avant la lettre, marge ; in-8.

564 **Binet** (d'ap.). Vignettes pour romans de l'Époque, avec costumes. 8 p. in-8.

565 **Borel** (d'ap.). Illustrations pour Tom Jones et autres. 9 p. in-8.

[illegible] [illegible] [illegible] 1[illegible]

[illegible] 9,75 Martin 8

Beel 4

Martin 30

Martin 6

Martin 6

Martin 10 Beel 10

Martin 5

Viën 8

Martin 5 Beel 6

Beel 5

566 **Boucher** (d'ap.). Mars et Vénus, la Tête sautante et autres; 5 jolies p. in-8.

567 **Chodowiecki**. Illustration pour Clarisse. 24 p.

568 — pour l'Histoire des Voyageurs, Colomb, Cook. — Sujets Historiques, Charles V, etc. 24 p.

569 — Der Sturm. — Sujets Historiques, Joseph II, etc. 24 p.

570 — Caroline de Lichtfield. — Die Indianer in England. 24 p.

571 — Histoire de Frédéric II.— Peregrin, Pickels, etc. 48 p.

572 — Vignettes pour divers Ouvrages, Hamlet, Macbeth, etc. 48 p.

573 — Sujets Religieux, Effets de la Sensibilité et autres. 40 p.

574 — Têtes pour Lavater, 50 pour 100, le Prince Léopold de Brunswick, etc. 40 p.

575 **Cochin** (d'ap.). Vignettes pour divers Ouvrages, par Delaunay, Gaucher et autres. 50 p. Sup. ép.

576 **Colin** (d'ap.). Vignettes pour Louvet. 6 p. et 1 avant la lettre, sur chine superbe. 7 p.

Copia. Sujets mythologiques, etc. 4 p. in-4.

Desrais (d'ap.). La Femme voilée, etc. 3 p.

577 **Desenne** (d'ap.). Pour Molière, La Fontaine, Voltaire, etc. 34 p.; plusieurs sur chine et avant la lettre.

578 **Devéria** (d'ap.). Pour Corneille, Voltaire et autres. 22 p., plusieurs sur chine.

579 **Eisen** (d'ap.). Les Cerises, conte; jolie pièce in-8, rare.

580 — La Comédie, la Féerie, la Tragédie, la Musique. 4 p., par de Ghendt; in-8, très-belles ép.

581 — La Henriade, Contes de La Fontaine et pour divers Ouvrages. 56 p. très-belles, par Aliamet, Le Mire, etc.

582 **Freudeberg** (d'ap.). Contes de la Reine de Navarre. 17 p., anciennes ép., quelques doubles.

583 **Gravelot** (d'ap.). Vue de l'intérieur du Palais Marchand au Palais de Justice à Paris. *Ce visage vaut mieux*, etc., avec entourage orné.

584 — Par Le Mire, Vidal et autres, Vignettes pour divers Ouvrages. 52 p.

585 — Vignettes pour divers Ouvrages, par Delaunay, de Longueil, Le Mire, Tardieu, etc. 102 p., très-belles.

586 **Johannot** (Alfred et Tony). Vignettes pour Scribe, avant la lettre; Fenimore Cooper et autres. 50 p.

587 — Œuvres de Fenimore Cooper. Superbes ép. avant la lettre, sur chine, grand papier, 27.

588 — Béranger, Chateaubriand, La Fontaine, Molière, Werther, Walter Scott, Théâtre de Scribe, Monte-Christo. 146 p., sera divisé.

589 **Lefèvre** (d'ap.). Gulliver. 10 p. avant la lettre.

590 **Marillier** (d'ap.). Fleurons pour Dorat; titre, etc. 10 p., grandes marges.

591 — Les Prôneurs de Dorat, Gessner, etc. 58 p. Très-belles ép.

Hedon 3 [illegible] 12 Marten 10

Hedon 2 Marten 6

Hedon 8 Marten 10

Marten 6

Marten 6

Marten 20
[illegible]

Marten 10
Labaneuts 10 Hedon 1 50

Marten 10

Deer 6

Markt 6 Deer 10 Veyde 13

Marten 5

Marten 6 [illegible] 10

Marten 10

Marten 4

592 **Martini.** Pour divers Ouvrages. 26 p. par et d'après.

593 **Monnet** (d'ap.). Télemaque ; in-4. 14 p.

594 — Métamorphoses d'Ovide, Lutrin et autres Ouvrages. 40 p. très-belles.

595 **Monsiau** (d'ap.). Vignettes pour Louvet, avant la lettre ; Histoire du Christ, etc. 8 p.

596 — Pour J.-J. Rousseau, Héloïse. 14 p. avant la lettre in-4.

597 **Moreau** le jeune (d'ap.). La Henriade ; in-4. 10 p. Très-belles ép. avec marge.

598 — Emile et Œuvres de J.-J. Rousseau ; in-4. 19 p. Très-belles ép. ; jolis costumes.

599 — J.-J. Rousseau ; in-8. 6 p.

600 — Vignettes pour Gessner, Voltaire, etc. 26 p. in-8. Superbes ép. avant la lettre.

601 — La Henriade, Gessner, Poëme de Voltaire et autres. 75 p. in-8, très-belles ép.

602 **Prudhon** (d'ap.). La Grotte, avant la lettre ; in-8.

603 **Raffet** (d'ap.). Pour Walter Scott, Victor Hugo. Scènes de Paris. 28 p.

604 **Saint-Aubin** (d'ap. Gabriel de). Sujets de l'Histoire romaine. 26 p. in-4.

605 — Les mêmes, avant la lettre, coloriées.

606 **Stothart** (d'ap.). Robinson Crusoé, avec le portrait de Daniel de Foë. 14 p. in-8, par Delvaux. Belles ép.

607 **Tardieu.** Titre et Sujets de l'Histoire romaine; in-4, 6 p. avec la lettre et 6 p. avant la lettre coloriées. 12 p.

608 **Vernet** (d'ap. H.). Don Quichotte, Molière, etc. 14 p. dont 2 avant la lettre.

609 **Œuvres de Béranger**, d'ap. Lemud et autres. 26 p. dont une ép. avant toute lettre.

610 **Chansons** populaires de la France. 35 p., quelques doubles.

Ornements

611 **Ornements**. Gaînes d'une grande richesse. 2 p. à 2 motifs.

612 — Arabesques ornées de figures. 8 p.

613 — Arabesques et vases, par Aubert Parent. 8 p.

614 — Babel, Berain, Berthault. Meubles, Intérieurs, Arabesques et Fleurons. 10 p.

615 — Baumgartner, etc. Pendules et Décorations rocailles. 9 p.

616 — Boucher fils et Larue. Vases et Objets pour décoration d'Églises. 13 p.

617 — Cauvet. Vases et Frises d'ornements. 5 p.

618 — Delafosse. Chandeliers riches, Trépieds, etc. 8 p.

619 — Deneuforge. Meubles, Serrurerie, Grilles riches, Plafonds, Jardins, Décorations intérieures, etc. 53 p.

620 — Forty. Pendules, Chandeliers, Candélabres et Objets d'Églises, etc. 28 p.

621 — Girard. Cartouches rocailles par moitié. 3 p. avec lesquelles on peut faire 6 Cartouches, rares.

Martin 5

... 3.25

Martin 5

...llen 10 50

Michel 11

Collin 11

622 — Chez Langlois. Frises, Bordures, Arabesques. 14 p.

623 — Ranson. Médaillons, Trophées, Arabesques formés de fleurs, etc. 15 p.

624 — Salembier. Arabesques à deux motifs, Frises à quatre motifs. 10 p.

625 — Saly. Vases. 18 p.

626 — Vinsac. Pots-à-Œilles (soupières) d'une grande richesse. 3 p. en bistre.

627 — Visscher (G.). Orfèvrerie, Tabatière, Écussons, Lettres entralacées, Cachets, Grilles de Grossman, etc. 23 p.

628 — Vases, Cartouches, Arabesques, etc. 38 p.

629 **Villemain**. Meubles, Ustensiles, Détails, Intérieurs, Ornements, Vases, etc. 19 p. coloriées.

630 Recueil de Girandoles, Appliques, Bras de Cheminées, en bronze, grandeur naturelle. 11 p. Oblong carton.

631 Meubles et Armures du Moyen-Age monumental, etc. 28 p.

632 Étoffes, Tissus et Broderies tirés de divers Ouvrages en chromo et coloriés. 17 p.

633 Scènes du Moyen-Age, Ustensiles, Horloges, Meubles, Vases, Reliquaires, etc. 33 p. tirées de divers ouvrages en chromo et coloriées rehaussé d'or.

Vues Modernes, Architecture, etc.

634 Vues de l'ancien Paris et autres, de Versailles. Objets anciens, Histoire du Comte de Nevers, Intérieur, en noir et en couleur, Sceaux, etc. 67 p., 2 lots.

635 Monographie de N.-D. de Brou, Pavages, Vitraux du chœur et autres, en chromolithog. Superbes ép. 8 p.

636 Châteaux de Blois, Chambord, Châteaudun, de Bordeaux, Gaillon, Moulin, Tombeau de Montmorency. 20 p. in-fol.

637 Vues de Picardie tirées de Taylor, Cathédrale d'Amiens et Tableau qui s'y trouve, tiré des Arts au Moyen-Age, colorié. 8 p.

638 Cathédrale de Reims, par Ribault, Détails, Vues de Saint-Rémy, tirées de Taylor. 5 p.

639 Rouen, Saint-Ouen, Hôtel Bourgtheroulde, Cheminée, Manuscrit, etc. 5 p. en noir et coloriées.

640 Troyes, Passage d'Henri IV, Vitrail, Jubé, Verrière et autres antiquités, Rue du Mortier d'or, etc. 8 p. noir et couleur.

641 Tombes, Tombeaux, Mausolés, etc. du chancelier de Birague, duc de Bourgogne, Louis XII, La Palice, etc. 28 p. noir et couleur.

642 Vitraux de Cologne et autres, Intérieur de la maison des lords. 7 p. coloriées et réhaussées d'or.

Berard 15

Berard 20

Martin 10

643 Manuscrits et Psautier d'Anne de Bretagne, René d'Anjou, Danse macabre, etc., tirés des Arts au moyen âge. 8 p. noir et couleur rehaussées d'or.

644 Vues du château de Chenonceaux, Écouen, etc., tirées des Arts au moyen âge. 13 p.

645 Scènes et sujets tirés de tapisseries, vitraux, etc., la plupart venant d'un ouvrage anglais, magnifiquement coloriés et rehaussés d'or. 10 p.

646 Meubles renaissance, Intérieur d'Église, Architecture, Miroirs et autres ustensiles anciens. 18 p. noir et couleur.

647 Vues de France et étranger, Monuments, Châteaux, etc. 28 p. in-fol.

648 Alexandrie, le Caire, etc. 8 p. en noir; grande Vue de l'Alhambra, in-fol. en couleur rehaussé d'or. 9 p.

Ouvrages à figures, Catalogues.

649 Histoire de la Sainte-Chapelle du Palais, par Decloux et Doury. 12 planches, détails d'ornements en chromolithographie et titre.

650 Souvenirs de Jérusalem, album dessiné par le contre-amiral Paris, et lithog. 14 p. imp. avec ton et en couleur, avec texte explicatif in-fol.

651 Pater noster représenté en scènes, en 8 pl, imp. en bistre. In-4, par *Usteri*, 1803.

652 Festes données par la Ville de Paris à l'occasion du mariage de Madame Élisabeth de France et don Philippe d'Espagne, 1739. Beau volume grand in-fol., maroquin rouge, aux armes de la Ville, dentelles, tranche dorée.

653 Le Grand Escalier de Versailles, volume grand in-fol. Superbes ép., veau marbre, aux armes.

654 Les Amants malheureux ou le comte de Comminge, Zélis au bain et autres poésies. 26 vignettes d'ap. Eisen, par Lemire et autres. Superbes épreuves, beau vol., reliure pleine, veau marbre.

655 Le Temple de Gnide, avec figures, par Le Mire, d'après Eisen. 11 vignettes et titre. Le texte est entièrement gravé en taille-douce, reliure du temps, veau plein.

656 Narcisse dans l'ile de Vénus, Irza et Marsis ou l'île merveilleuse, les Cerises, la Méprise, Sélim et autres poésies, ornées de 14 vignettes d'ap. Eisen et Gabriel de Saint-Aubin, ancienne rel. veau marbre, filets, tranche dorée. Très-beau volume.

657 Recueil d'Apologues, Moralités, Satyres, Grotesques, Caricatures, Charges, etc., de 1050 à 1850; la Chatte, d'ap. Moreau, et autres sujets gracieux. 74 p., beau vol. in-4, dos et coins maroquin rouge.

658 Recueil de scènes et costumes du IVe au XVIe siècle. 55 p. noir et couleur, tirées de Villemain et autres ouvrages; vol. in-4, demi-rel. maroquin bleu.

leBoan 5.50

bouch 30 Ches H. 12 ollet . Bus 7

. 10

Capdevil 35 Laborde 30

Philipp 2 Bonnefon

Philipp 4 Capdevil 15

Nicolas 2 50 Granjon 8.75

659 Recueil de vieille architecture française, Plans de Paris, Monuments, etc., tirés de différents ouvrages modernes. 47 p. beau vol., demi-rel. maroquin rouge, petit in-fol.

660 Trésor de Numismatique et de Glyptique, Médailles françaises de Charles VII à Louis XVI. 2 vol., un de texte et un de pl., in-fol., belle demi-reliure et coins maroquin rouge, filets.

661 L'Autographe, journal in-fol. de fac simile avec croquis sur bois. 18 numéros.

662 Les Artistes français à l'étranger, par Dussieux. Paris, 1852, demi-rel. veau rouge.

663 Biographie de Paul Delaroche, illustrée, tirée de l'Histoire des peintres, avec la table des 3 vol. de gravures et la liste des maîtres de l'École française, vol. in-4, toile, filets à froid.

664 Michel-Ange, Léonard de Vincy, Raphaël, par Charles Clément, 1861. Demi-rel. veau bleu.

665 Tableaux de la Révolution française. 2 vol. in-fol. de texte, demi-rel.

666 Souvenirs numismatiques de la révolution de 1848; vol. in-4, texte et planches, demi-rél. maroquin rouge.

667 Champfleury. Histoire des fayences patriotiques sous la révolution, fig., broché.

668 Mélanges curieux et anecdotiques, tirés d'une collection de lettres autographes ayant appartenu à M. Fossé d'Arcosse, par Charles Asselineau. demi-rel. veau fauve.

669 Catalogue de la belle et importante collection de lettres autographes de feu M. de Lajarriette, 1860, demi-rel. veau brun.

670 Catalogue des Autographes et Manuscrits de M. Lucas de Montigny, 1860, demi-rel. veau fauve.

671 Catalogue des Collections théâtrales, Estampes, Dessins, Architecture, Scènes, Décorations, Costumes et Portraits d'acteurs et actrices, auteurs, compositeurs, etc.; Bibliothèque théâtrale, 1re et 2e partie, recueillies par M. Joseph de Filippi, vendues en 1861, vol. demi-rel. veau fauve.

672 Trois volumes de papier blanc, ayant servi à poser des estampes; in-fol., belles demi-reliures et coins maroquin vert, filets.

Renou et Maulde, imprimeurs de la Compagnie des Commissaires-Priseurs, rue de Rivoli, 144. 18304

www.ingramcontent.com/pod-product-compliance
Ingram Content Group UK Ltd.
Pitfield, Milton Keynes, MK11 3LW, UK
UKHW031918260826
14628UKWH00003B/1273

9 782329 552118